아이와 함께하는 16일 챌린지

차례

국어

수학

통합 교과

64쪽에
〈얼마나 했는지 표시해 볼까요?〉가
있습니다.

국어

1일 차 글자를 만들어요

교과서 미리 보기 꿀팁

이 단원에서는 자음자와 모음자를 구별하며 글자가 만들어지는 원리를 이해합니다. 아이들은 모음자가 자음자의 옆이나 아래에 놓이는 기본 구조를 익히며 한글의 짜임을 자연스럽게 배웁니다. 이어서 자음자와 모음자를 조합해 새로운 글자를 만들며 읽기와 쓰기의 원리를 경험합니다. 또한 다양한 모음자를 배우며 모음의 형태와 위치에 따라 글자가 달라지는 특징을 탐색합니다. 활동지에는 교과서에 제시된 여러 모음자와 예시 낱말을 그대로 담아 학생들이 모음자에 친숙해지도록 구성했습니다. 이를 통해 학생들은 글자의 구조를 이해하고 한글 학습에 자신감을 갖게 됩니다.

1. 받침이 없는 글자의 짜임 알기

- 글자의 짜임을 생각하며 자음자와 모음자를 써 보세요.

① 가지(모음자가 오른쪽에 있는 경우)

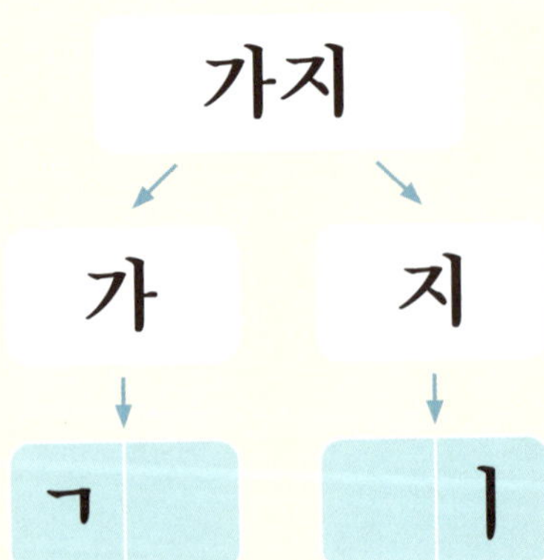

② 고추(모음자가 아래쪽에 있는 경우)

고추

고 → ㄱ

추 → ㅜ

③ 오이(모음자가 아래와 오른쪽에 모두 있는 경우)

오이

오 → ㅇ

이 → ㅣ

2. 자음자 모음자 짜임 알아보기

• 자음과 모음이 만났을 때 만들어지는 글자를 써 보세요.

	ㅏ	ㅑ	ㅓ	ㅕ	ㅗ	ㅛ	ㅜ	ㅠ	ㅡ	ㅣ
ㄱ	가									
ㄴ	나									
ㄷ	다									
ㄹ	라									
ㅁ	마									
ㅂ	바									
ㅅ	사									
ㅇ	아									
ㅈ	자									
ㅊ	차									
ㅋ	카									
ㅌ	타									
ㅍ	파									
ㅎ	하									

3. 여러 가지 모음자 쓰기

• 각 번호마다 주어진 낱말 속에 똑같이 쓰인 모음자를 찾아서 써 보세요.

① 모래, 배, 새

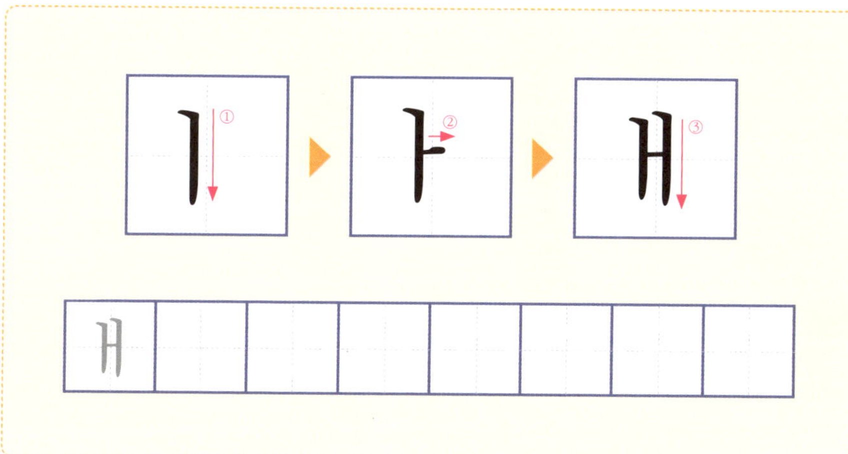

② 게, 그네, 제비

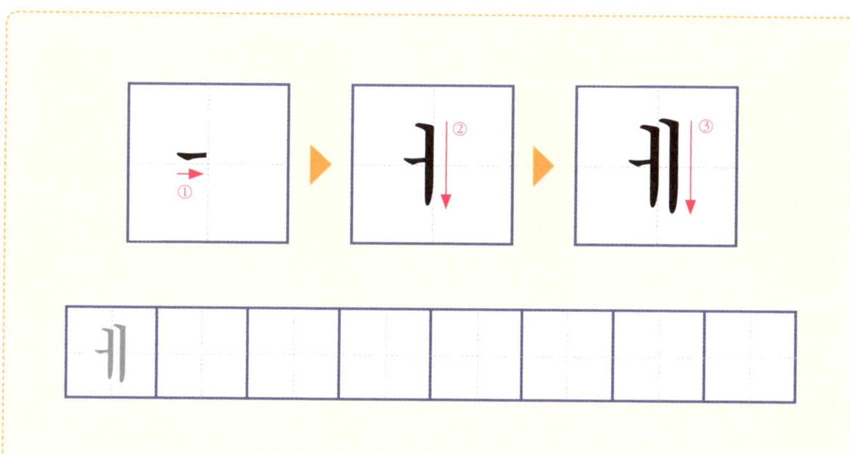

③ 얘기, 얘야

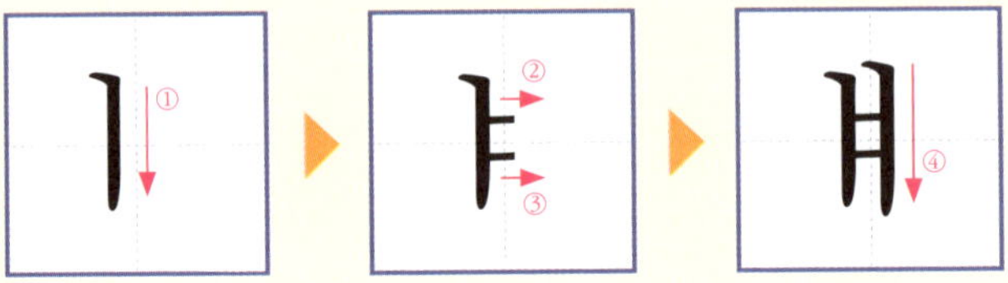

ㅒ

④ 계단, 시계, 예의

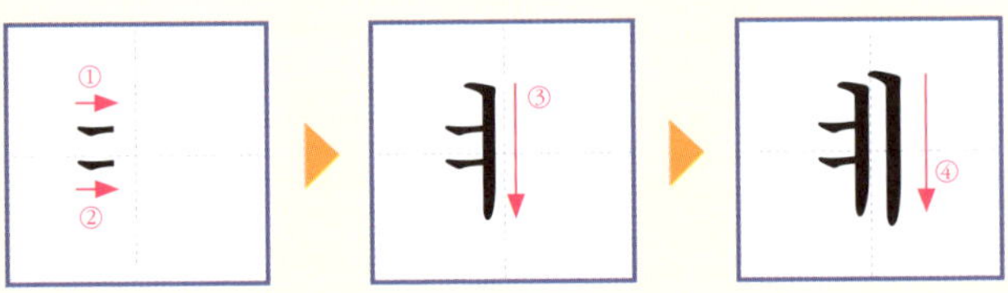

ㅖ

5 과자, 기와, 사과

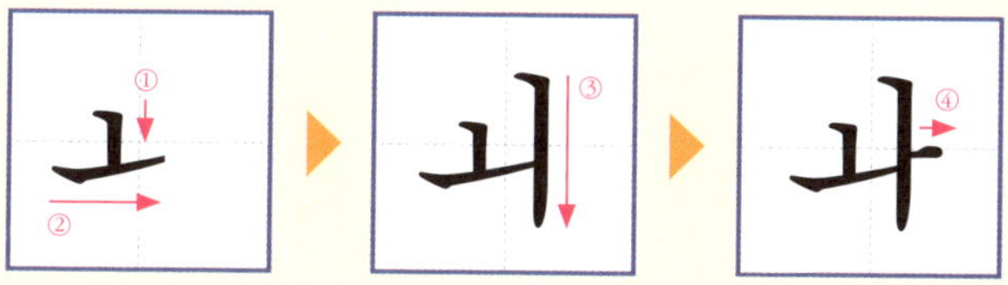

ㅘ

6 돼지, 왜, 횃불

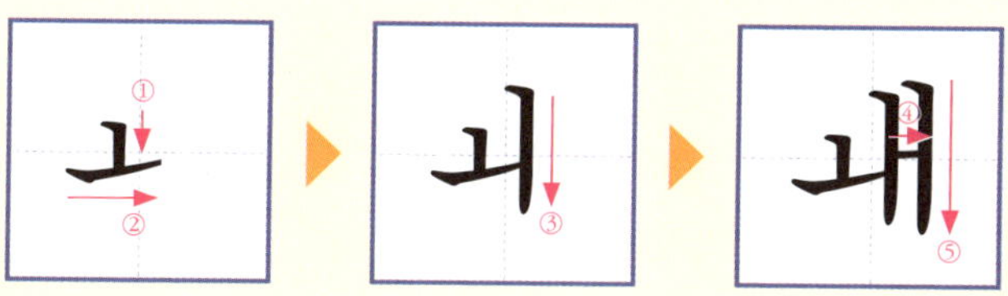

ㅙ

7 열쇠, 참외, 최고

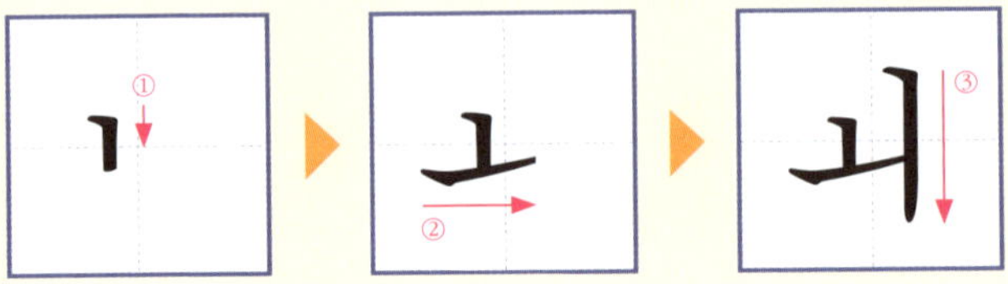

ㅚ

8 병원, 월요일, 태권도

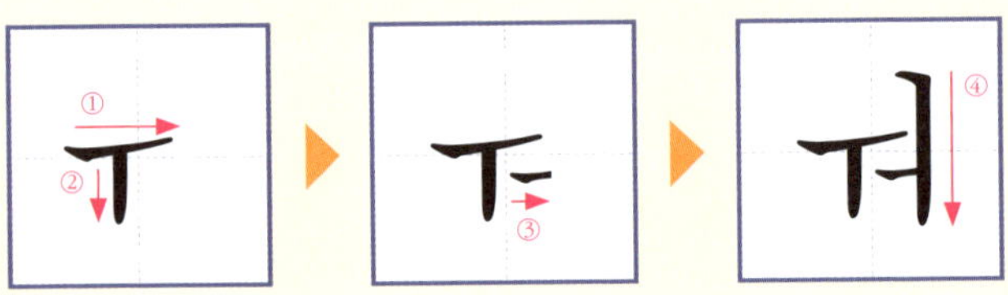

ㅝ

9 꿰매다, 스웨터

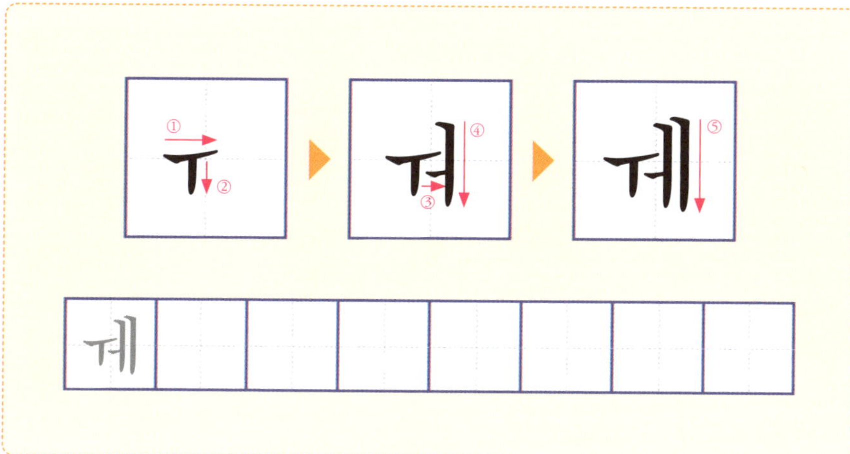

10 가위, 귀, 바위

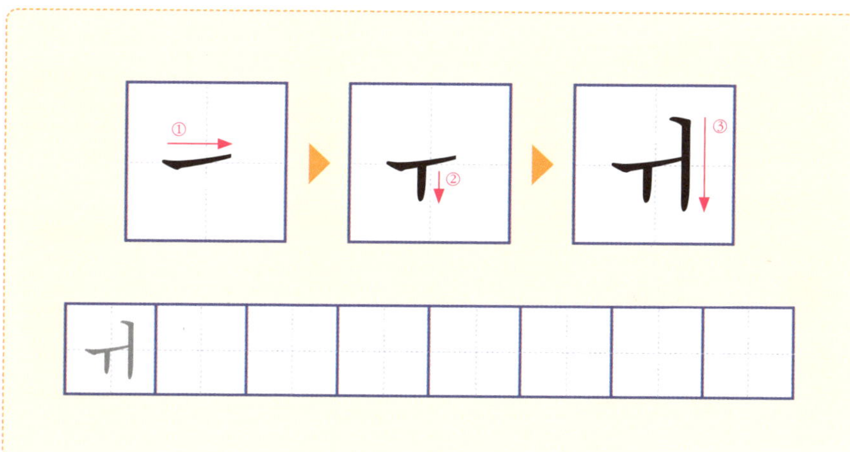

⑪ 무늬, 의사, 의자

ㅡ ▶ ㅢ

ㅢ

• 그림에 맞는 글자를 써 보세요.

1 

2 

3 

2일 차 받침이 있는 글자를 읽어요

교과서 미리 보기 꿀팁

이 단원에서는 받침이 있는 글자의 짜임을 이해하고, 받침이 글자에서 어떤 소리를 만드는지 살펴봅니다. 학생들은 받침이 들어간 글자의 구조를 익히며 글자의 끝소리가 어떻게 달라지는지 자연스럽게 배웁니다. 교과서의 다양한 예시를 보며 받침이 있는 낱말을 바르게 쓰는 활동을 통해 쓰기 능력을 기릅니다. 특히 자음자를 넣어 낱말을 완성하는 활동에서는 받침의 소리를 스스로 판단하고 적용하는 경험을 합니다. 활동지에는 교과서에 제시된 예시 낱말을 그대로 담아 학생들이 여러 가지 받침과 더욱 친숙해지도록 구성했습니다. 이 과정을 통해 학생들은 받침이 있는 글자를 정확하게 읽고 쓰며 한글의 짜임을 더욱 확실하게 이해하게 됩니다.

1. 받침이 있는 글자의 짜임 알기

- 다음 예시를 보고 빈 칸에 들어갈 자음자를 써 보세요.

→ ㅅ ㅏ → 사

→ ㅅ ㅏ (　) → 산

2. 받침이 있는 낱말 바르게 쓰기

• 받침이 있는 낱말을 바르게 써 보세요.

①  → | 채 | 상 |

②  → | 부 | 어 |

③  → | 우 | 사 |

④  → | 수 | 가 | 락 |

⑤  → | 비 |

6  → 고 감

7  → 유 놀 이

8  → 가 마 소

9  → 나 다

10  → 하 느

11

→ 서

12

→ 바

13

→ 이

14

→ 고

3. 자음자를 넣어 낱말 완성하기

- <보기>에 있는 자음자를 넣어 낱말을 완성해 보세요.

<보기>

ㄹ ㅁ ㅇ

①

→ 어 마

②

→ 보 무

③

→ 자 미

3일 차 낱말과 친해져요

교과서 미리 보기 꿀팁

이 단원에서는 여러 글자가 모여 낱말을 이루는 원리를 이해하며 낱말과 친해지는 활동을 합니다. 학생들은 받침을 넣어 낱말을 완성해 보면서 글자의 모양과 의미가 어떻게 달라지는지 익힙니다. 또한 낱말에 들어 있는 자음자를 비교하여 자음자 소리의 차이를 알아보는 활동을 통해 정확한 소리를 구별하는 힘을 기릅니다. 교과서 속 그림과 낱말을 살펴보며 자음자와 모음자의 짜임을 자연스럽게 이해하도록 돕습니다. 특히 주변에서 쉽게 볼 수 있는 단어를 활용해 자음자가 들어간 낱말을 찾아보는 활동을 하며 스스로 낱말을 탐색하는 경험을 합니다. 이 과정을 통해 학생들은 낱말을 만들고 읽어 보며 한글 학습의 기초를 탄탄히 다지게 됩니다.

1. 받침이 있는 낱말 바르게 고쳐쓰기

• 그림을 보고 받침이 있는 낱말을 바르게 고쳐 써 봅시다.

①

→ 땅 콤 → □ □

①

→ 우 상 → □ □

2. 자음자 소리의 차이 알아보기

• 낱말을 읽을 때 나는 자음자 소리의 차이를 말해 보세요.

①

굴

꿀

②

방

빵

3. 자음자가 들어간 낱말 찾기

• 왼쪽 자음자가 들어간 낱말을 찾아 선으로 연결해 보세요.

① ㄸ •	• ㉠ 땅
② ㅉ •	• ㉡ 꿀
③ ㄲ •	• ㉢ 짝
④ ㅆ •	• ㉣ 쌀

4일 차 여러 가지 낱말을 익혀요

교과서 미리 보기 꿀팁

이 단원에서는 나와 가족, 학교와 이웃에 관련된 여러 가지 낱말을 주제 삼아 익히는 활동을 합니다. 학생들은 먼저 나의 몸과 관련된 낱말을 써 보면서 몸 구석구석의 이름과 쓰임을 자연스럽게 배웁니다. 이어 가족과 관련된 낱말을 써 보는 활동을 통해 가족 구성원과 관계를 나타내는 말을 익히고 바르게 표현하는 방법을 배웁니다. 또한 이웃과 학교와 관련된 낱말을 찾아 쓰는 활동을 통해 주변 사람과 장소를 나타내는 말을 풍부하게 익힙니다. 이처럼 실제 삶과 가까운 낱말을 직접 쓰고 만들어 보는 활동이 아이들이 낱말의 의미를 더 잘 이해하도록 돕습니다. 이 과정을 통해 학생들은 다양한 낱말을 읽고 쓰는 능력을 기르고, 일상생활에서 낱말을 더 풍부하게 사용할 수 있게 됩니다.

1. 나의 몸과 관련된 낱말 쓰기

- 나의 몸과 관련된 낱말을 써 보세요.

1  → ☐

2 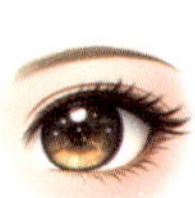 → ☐

1 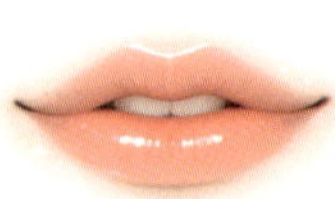 → ☐

2. 가족과 관련된 낱말 쓰기

• 가족과 관련된 낱말을 써 보세요.

① 할 아 버 지　할 머 니

② 아 버 지　어 머 니

③ 언 니　오 빠　누 나　형

3. 학교, 이웃과 관련된 낱말 쓰기

• 학교, 이웃과 관련된 낱말을 써 보세요.

① 과 일 가 게　빵 집

② 선 생 님　친 구

③ 책 상　의 자

5일 차 반갑게 인사해요

교과서 미리 보기 꿀팁

이 단원에서는 나와 가족, 학교와 이웃 등 생활과 가까운 주제로 여러 가지 낱말을 익히는 활동을 합니다. 학생들은 먼저 나의 몸과 관련된 낱말을 써 보며 몸의 부분 이름과 쓰임을 자연스럽게 배웁니다. 이어 가족과 관련된 낱말을 써 보면서 가족 구성원과 관계를 나타내는 말을 익힙니다.
또 이웃과 학교와 관련된 낱말을 찾아 쓰며 주변 사람과 장소를 표현하는 어휘를 넓힙니다. 여기에 더해 상황에 맞는 인사말을 배우면서 다양한 상황에서 바르게 인사하는 습관을 기르게 됩니다.

1. 상황에 맞는 인사말 하기

- 상황에 맞는 인사말을 해 보세요.

①

②

2. 낱말을 소리 내어 읽기

- 아래 낱말을 소리 내어 읽어 보세요.

① 걸음

② 사슴이

③ 뿔이

④ 깊은

3. 낱말을 소리 나는 대로 쓰기

- 아래 낱말을 소리 나는 대로 써 보세요.

① 날아서 → [ ]

② 걸어서 → [ ]

6일 차 또박또박 읽어요

교과서 미리 보기 꿀팁

이 단원에서는 문장을 또박또박 읽기 위해 문장을 알맞게 띄어 읽는 방법을 배웁니다. 학생들은 띄어쓰기에 따라 문장의 뜻이 달라질 수 있다는 것을 익히며, 올바르게 읽는 연습을 합니다. 이어 그림을 보고 그림에 알맞은 문장을 찾아보는 활동을 합니다. 또한 문장 끝에 오는 마침표, 물음표, 느낌표 등의 문장 부호의 쓰임을 배우고 직접 확인합니다. 문장 부호에 따라 읽는 소리와 의미가 달라지는 것을 경험하며 읽기의 정확성을 높입니다.

이 과정을 통해 학생들은 자신 있게 문장을 읽고 이해하며, 바른 띄어 읽기와 문장 부호 사용으로 읽기 능력을 강화하게 됩니다.

1. 문장을 알맞게 띄어 읽기

- 문장을 알맞게 띄어 읽어 보세요.

① 아버지가 ∨ 방에 ∨ 들어가신다.

② 아버지 ∨ 가방에 ∨ 들어가신다.

2. 그림에 알맞은 문장 찾기

• 다음 그림을 보고 알맞은 낱말을 빈칸에 써 보세요.

①

친구들이

☐☐를 가지고 놉니다.

3. 문장 부호 알기

• 아래 문장 부호의 이름을 따라 써 보세요.

① , → 쉼표

② . → 마침표

③ ? → 물음표

④ ! → 느낌표

7일 차 알맞은 낱말을 찾아요

교과서 미리 보기 꿀팁

이 단원에서는 여러 가지 받침이 있는 낱말을 읽고 쓰는 활동을 통해 낱말의 구조와 받침의 쓰임을 익힙니다. 그림을 보고 그에 알맞은 낱말을 찾아 써보며, 시각 자료와 언어를 연결하는 능력을 키웁니다. 또한 그림을 보고 난 뒤, 그 낱말을 넣어 문장을 완성하는 활동을 하면서 문장 속에서 낱말이 어떻게 쓰이는지 탐색합니다. 학생들은 직접 낱말을 쓰고 문장을 만들어 보면서, 낱말과 문장의 의미를 깊이 있게 이해하게 됩니다.

이 과정을 통해 낱말을 더 잘 인식하고, 문장으로 표현하는 능력도 함께 길러지게 됩니다.

1. 여러 가지 받침이 있는 낱말 쓰기

• 그림을 보고 낱말을 따라 써 보세요.

①

→ 이를 닦 다 .

②

→ 리본을 묶 다 .

2. 그림에 어울리는 문장 만들기

- 그림에 알맞은 낱말을 써 보세요.

① 

원숭이가

→ □□□를 해요.

② 

사슴이

→ □□□를 타요.

3. 여러 가지 문장 말하기

- 빈 칸에 들어갈 낱말을 <보기>에서 골라 써 보세요.

〈보기〉 옷 동물 과일 꽃

① 장미는 □ 입니다.

② 포도는 □□ 입니다.

수학

8일 차 9까지의 수

교과서 미리 보기 꿀팁

이 단원에서는 1부터 9까지의 수를 익히며 수가 양을 나타낸다는 기본 개념을 이해합니다. 아이들은 주변의 사물을 세어 보며 수와 개수가 자연스럽게 연결되는 경험을 합니다. 이어서 숫자를 읽고 쓰는 연습을 통해 수의 표현 방법을 배우고, 두 수를 비교하며 어느 쪽이 더 크거나 작은지 판단하는 능력을 기릅니다. 또한 수에는 일정한 순서가 있다는 특징을 익히며 '몇 개'와 '몇 번째'를 구별하는 활동을 합니다. 활동지에는 교과서에 제시된 수 세기와 비교 활동을 담아 학생들이 수의 의미와 구조에 친숙해지도록 구성했습니다.

1. 1에서 9까지 쓰기

- 1부터 9까지 따라 써 보세요.

1 하나 일

2 둘 이

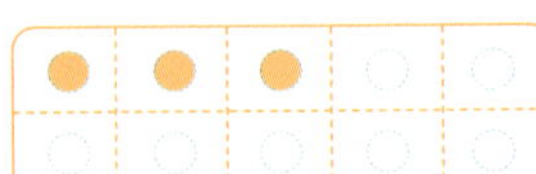

3 셋 삼

4

넷

사

5

다섯

오

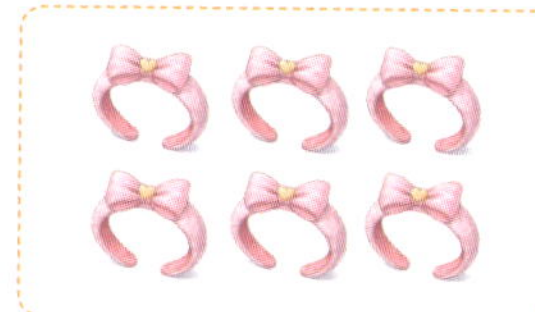

6

여섯

육

7

일곱

칠

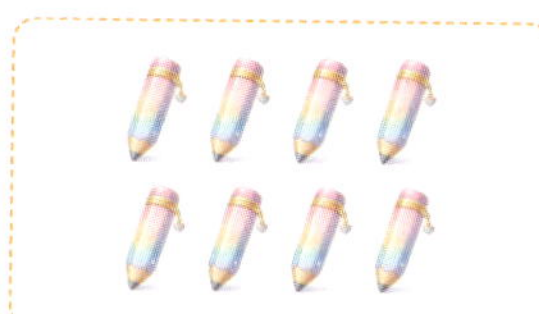

8

여덟

팔

9

아홉

구

2. 1만큼 더 큰 수와 1만큼 더 작은 수 알아보기

3

3보다 1만큼
더 작은 수

3보다 1만큼
더 큰 수

5

5보다 1만큼
더 작은 수

5보다 1만큼
더 큰 수

3. 수의 크기 비교하기

3

 와  의 수는 같습니다.

 는  보다 (많습니다 , 적습니다).

3은 5보다 (큽니다 , 작습니다).

 는  보다 (많습니다 , 적습니다).

5는 3보다 (큽니다 , 작습니다).

9일 차 여러 가지 모양

교과서 미리 보기 꿀팁

이 단원에서는 여러 가지 물건을 관찰하며 모양에 따라 분류하고 비교하는 방법을 익힙니다. 아이들은 먼저 같은 모양의 물건끼리 이어보기 활동을 통해 모양의 공통점을 찾는 연습을 합니다. 이어서 같은 모양끼리 같은 색으로 표시하기를 하며 모양을 정확히 구별하는 능력을 기릅니다. 이후 같은 모양끼리 색칠하기 활동을 통해 모양 분류가 더욱 확실해지고, 다양한 모양의 특징을 자연스럽게 이해하게 됩니다. 활동지에는 이러한 단계별 활동이 구성되어 있어 아이들이 여러 가지 모양을 쉽고 재미있게 배울 수 있도록 돕습니다.

1. 같은 모양의 물건끼리 이어보기

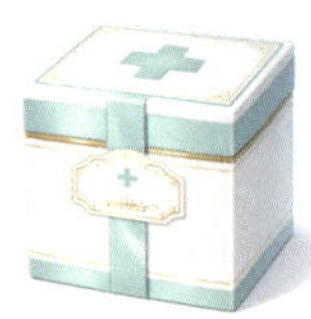

2. 같은 모양을 찾아보기

3. 같은 모양끼리 색칠하기

 모양은 ,  모양은 ,
 모양은  으로 색칠해 보세요.

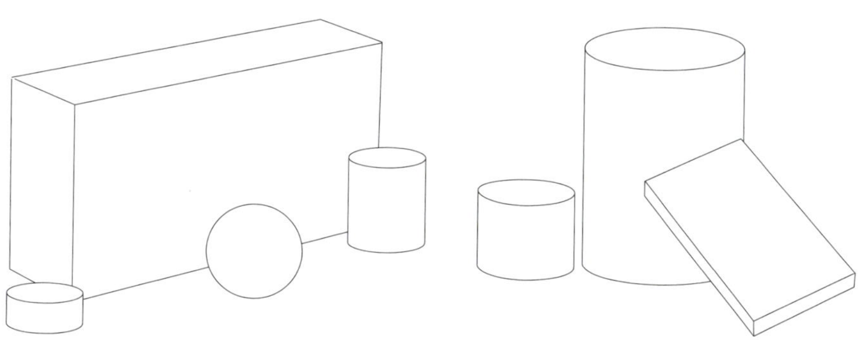

10일 차

덧셈과 뺄셈

교과서 미리 보기 꿀팁

이 단원에서는 사물을 모으고 가르는 활동을 통해 덧셈과 뺄셈의 기본 의미를 이해합니다. 아이들은 그림이나 실제 물건을 활용해 모으기와 가르기 활동을 하며 두 수가 어떻게 합쳐지고 나누어지는지 경험합니다. 이어서 이러한 상황을 덧셈식으로 나타내기를 통해 수와 기호로 표현하는 방법을 익힙니다. 또한 빼는 상황을 보고 뺄셈식으로 나타내기를 연습하며 수의 변화를 식으로 정확히 표현하는 능력을 기릅니다. 활동지에는 교과서의 모으기·가르기 그림과 간단한 식 쓰기 활동을 담아 아이들이 덧셈과 뺄셈의 원리를 자연스럽게 익히도록 구성했습니다.

1. 모으기와 가르기

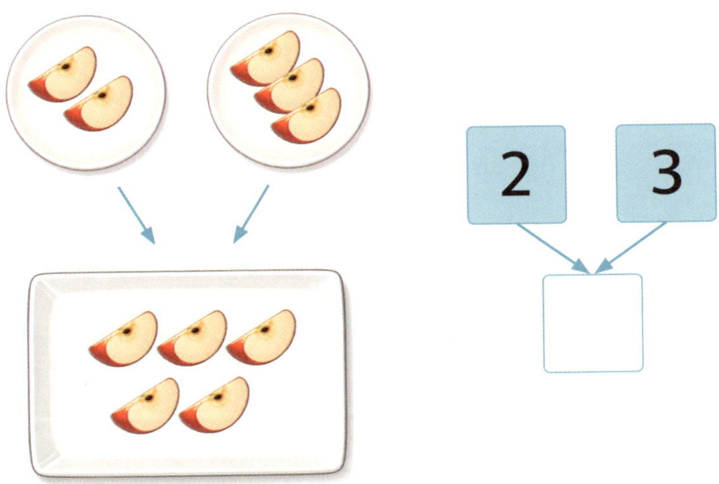

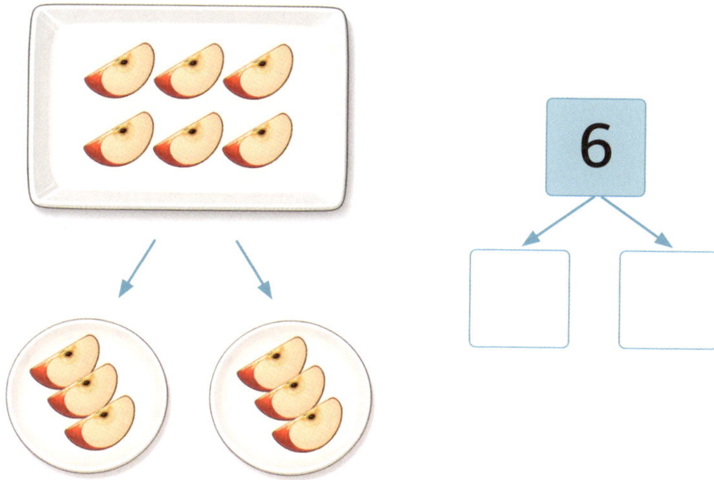
6

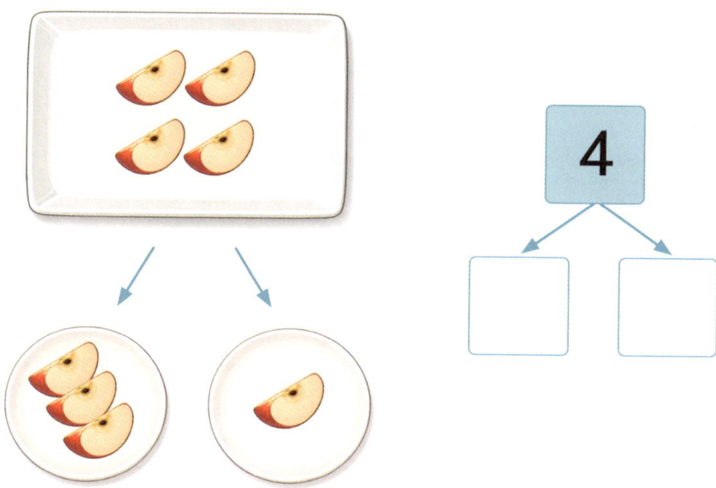
4

2. 덧셈식으로 나타내기

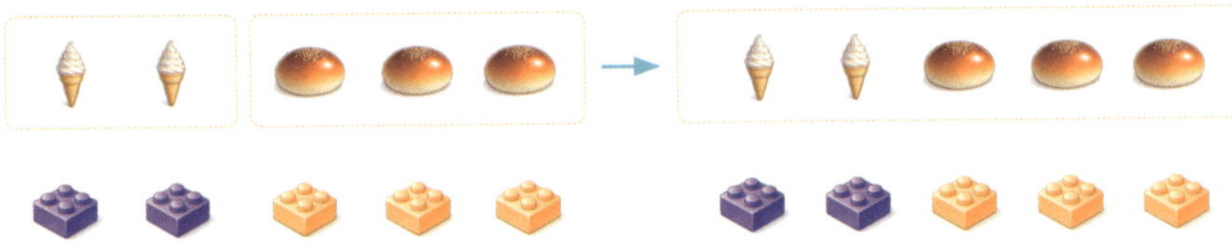

2 + 3

5

덧셈식

3. 뺄셈식으로 나타내기

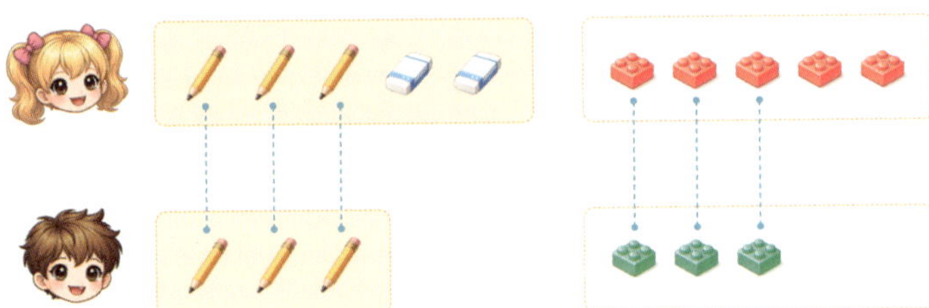

5 - 3

뺄셈식

11일 차 비교하기

교과서 미리 보기 꿀팁

이 단원에서는 여러 물건을 관찰하며 길이, 무게, 넓이, 부피를 비교하는 기본 원리를 이해합니다. 아이들은 먼저 물건의 길이와 무게 비교하기 활동을 통해 무엇이 더 길고 무거운지 직접 판단하는 경험을 합니다. 이어서 물건의 넓이 비교하기를 통해 평면의 크기를 비교하는 감각을 기릅니다. 또한 다양한 사물을 부피 비교하기 활동으로 살펴보며 담을 수 있는 양의 차이를 이해합니다. 활동지에는 교과서의 다양한 비교 그림과 실생활 예시를 담아 아이들이 여러 기준으로 사물을 비교하는 능력을 자연스럽게 익히도록 구성했습니다.

1. 물건의 길이와 무게 비교하기

- 어느 것이 더 긴지 이야기해 보세요.

 은  보다 더 (깁니다 , 짧습니다).

 은  보다 더 (깁니다 , 짧습니다).

- 어느 것이 더 무거운지 이야기해 보세요.

 은  보다 더 (무겁습니다 , 가볍습니다).

 는  보다 더 (무겁습니다 , 가볍습니다).

2. 물건의 넓이 비교하기

- 어느 것이 더 넓은지 이야기해 보세요.

 은  보다 더 (넓습니다 , 좁습니다).

 은  보다 더 (넓습니다 , 좁습니다).

3. 물건의 부피 비교하기

- 어느 것이 더 많이 담을 수 있는지 이야기해 보세요.

 은  보다 담을 수 있는 양이 더 (많습니다 , 적습니다).

 은  보다 담을 수 있는 양이 더 (많습니다 , 적습니다).

12일 차 50까지의 수

교과서 미리 보기 꿀팁

이 단원에서는 1부터 50까지의 수를 익히며 두 자리 수의 개념을 이해합니다. 아이들은 수 모형이나 수 막대 등을 이용해 십의 자리와 일의 자리가 어떻게 합쳐져 두 자리 수가 되는지 살펴봅니다. 이어서 다양한 사물을 세어 보며 10씩 묶어 세기와 1씩 세기를 연습해 큰 수를 효율적으로 세는 방법을 익힙니다. 또한 수의 크기를 비교하고 수직선에서 위치를 파악하며 두 자리 수의 순서와 크기를 자연스럽게 학습합니다. 활동지에는 10 만들기, 모으기와 가르기, 수 비교하기 등의 활동이 담겨 있어 아이들이 50까지의 수를 정확하게 이해하도록 구성했습니다.

1. 10 만들기

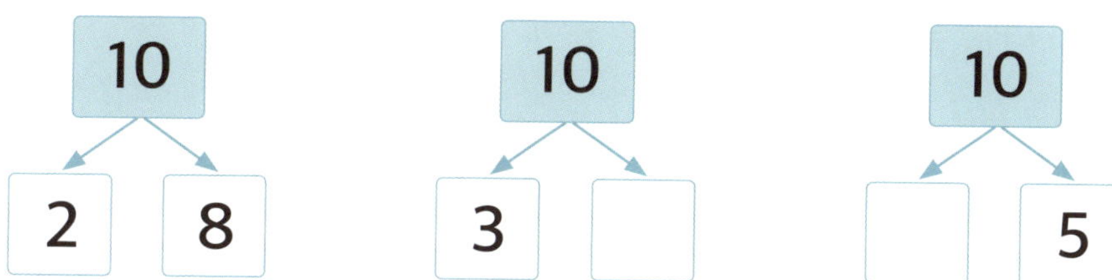

2. 모으기와 가르기

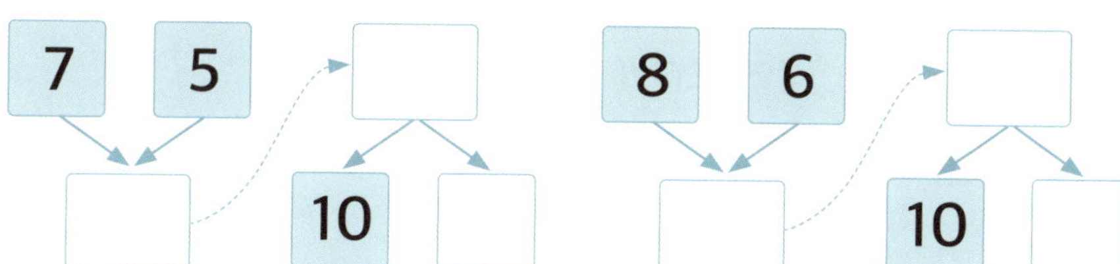

3. 50까지 수 세기

1	2	3	4	5	6	7	8	9	10
11			14						20
21					26				30
31		33							40
41							48		50

4. 수의 크기 비교하기

- 다음 문제를 읽고 알맞은 말에 ○를 하세요.

1	31 은 22 보다 (큽니다 , 작습니다).
2	25 는 11 보다 (큽니다 , 작습니다).
3	47 은 50 보다 (큽니다 , 작습니다).
4	15 는 29 보다 (큽니다 , 작습니다).

통합 교과

13일 차 학교

교과서 미리 보기 꿀팁

『학교』는 초등학교에 처음 입학한 아이들이 새로운 학교 환경에 적응하도록 돕는 데 초점을 둡니다. 교실, 복도, 급식실 등 학교의 여러 공간을 탐색하며 각각의 역할과 사용 규칙을 자연스럽게 익히도록 구성되어 있습니다. 또한 학용품 정리, 친구와의 기본 규칙 만들기, 안전한 등·하교와 놀이 행동처럼 일상에서 꼭 필요한 생활 습관을 놀이 중심 활동으로 배우게 됩니다. 이런 경험을 통해 아이들은 학교가 단지 공부하는 곳이 아니라 하루를 함께 살아가는 '생활의 터전'이라는 인식을 형성하게 됩니다.

1. 교과서 수록 그림책: 괜찮아, 우리 모두 처음이야!

① 어떤 내용이 나오는지 알아 봅시다.

이 그림책은 처음 학교에 가는 아이들이 느끼는 걱정, 두려움, 설렘을 따뜻하게 다룹니다. 주인공이 새로운 환경에서 여러 실수를 겪지만, 모든 친구들 역시 같은 마음이라는 사실을 깨닫고 점차 학교생활에 적응하는 과정을 보여줍니다. 학교는 완벽해야 하는 곳이 아니라 '함께 배우고 성장하는 곳'이라는 메시지를 전합니다. 초등 1학년의 새 학기 적응 활동과 자연스럽게 연결되는 이야기입니다.

② 부모님과 아이가 이야기해 봅시다.

- 학교에 처음 가면 어떤 기분이 들 것 같아?
- 학교에 가면 어떤 시간이 가장 재미있을까?
- 우리 ○○이의 선생님은 어떤 분이실까?

2. 반쪽 그리기

- 아래 그림을 보고 나머지 반쪽을 그려 봅시다.

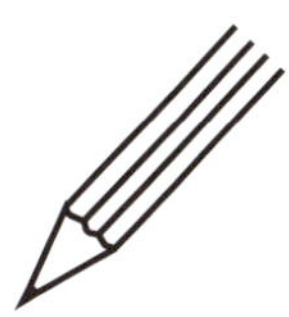

3. 가족 얼굴 그리기

- 가족 얼굴을 보면서 얼굴을 자세히 그려 봅시다.

우리 가족

14일 차 사람들

교과서 미리 보기 꿀팁

『사람들』에서는 친구, 가족, 교사, 이웃 등 주변의 다양한 사람들과 관계 맺는 법을 중심으로 배웁니다. 서로의 감정과 생각을 이해하고 공감하는 활동을 통해 사회적 감수성을 기르고, 친구와 함께 규칙을 정해 놀이를 하며 협력과 배려의 태도를 익힙니다. 또한 주변 사람들의 역할과 책임을 탐색하며 나와 타인의 관계를 이해하는 기초를 다집니다. 이를 통해 아이들은 '우리는 함께 살아가는 존재'라는 기본적인 공동체 의식을 자연스럽게 배우게 됩니다.

1. 교과서 수록 그림책: 인사를 나눠 드립니다

① 어떤 내용이 나오는지 알아 봅시다.

이 그림책은 '인사'라는 일상의 행동을 다양한 상황과 인물들을 통해 유쾌하고 따뜻하게 보여줍니다. 서로 다른 사람들과 인사를 주고받으면서 생기는 친밀감, 배려, 예의의 의미를 자연스럽게 알려줍니다. 학급 친구들과의 관계 형성, 선생님과의 소통, 지역사회 사람들을 이해하는 '사람들' 교과의 핵심 내용과 잘 맞습니다.

② 부모님과 아이가 이야기해 봅시다.

- 오늘 누구에게 인사를 해 봤니? 그때 기분이 어땠어?
- 책 속에서 마음에 들었던 인사는 어떤 인사였어?
- 누가 너에게 먼저 인사해 주면 어떤 느낌이 드니?

2. 나의 고민 글로 쓰기

- 나의 고민을 글로 써 보고 가족들에게 말해 봅시다.

3. 우리 가족 행사 알아보기

• 우리 가족의 행사를 알아보고 글로 써 봅시다.

15일 차 우리나라

교과서 미리 보기 꿀팁

『우리나라』는 태극기, 무궁화, 한글, 한복 등 우리나라의 상징과 전통 문화를 친숙하게 이해하도록 구성되어 있습니다. 명절, 전통놀이, 우리 음식, 지역의 생활 모습 등을 배우며 우리나라의 문화적 특성과 아름다움을 탐색합니다. 또한 생활 속에서 우리 문화를 찾아보고 가족과 나누는 활동이 포함되어 있어 정체성과 자부심을 키울 수 있습니다. 이를 통해 아이들은 자신이 속한 '우리나라'에 대한 관심과 애정을 기르게 됩니다.

1. 교과서 수록 그림책: 태극기 다는 날

① 어떤 내용이 나오는지 알아 봅시다.

이 그림책은 태극기의 의미와 나라 사랑을 일상 속 장면을 통해 알려주는 이야기입니다. 아이의 시선에서 집에 태극기를 다는 과정, 태극기의 색과 모양, 국경일의 의미 등을 자연스럽게 배우게 됩니다. '우리나라의 상징', '전통과 문화'를 배우는 교과 내용과 직접 연결됩니다.

② 부모님과 아이가 이야기해 봅시다.

- 태극기에서 가장 눈에 띄는 부분은 어디야?
- 우리 가족이 태극기를 달았던 날이 언제였지?
- 우리 ○○이를 상징하는 것은 무엇일까?

2. 애국가 불러 보기

부모님과 함께 인터넷에서 애국가를 찾아 들어 봅시다.

- 애국가를 듣고 따라 불러 봅시다.

1절

동해물과 백두산이 마르고 닳도록
하느님이 보우하사 우리나라 만세
무궁화 삼천리 화려 강산 대한 사람 대한으로 길이 보전하세

2절

남산 위에 저 소나무 철갑을 두른 듯
바람 서리 불변함은 우리 기상일세
무궁화 삼천리 화려 강산 대한 사람 대한으로 길이 보전하세

3절

가을 하늘 공활한데 높고 구름 없이
밝은 달은 우리 가슴 일편단심일세
무궁화 삼천리 화려 강산 대한 사람 대한으로 길이 보전하세

4절

이 기상과 이 맘으로 충성을 다하여
괴로우나 즐거우나 나라 사랑하세
무궁화 삼천리 화려 강산 대한 사람 대한으로 길이 보전하세

3. 태극기 그려 보기

• 태극기의 뜻을 알아 봅시다.

• 태극기를 따라 그려 봅시다.

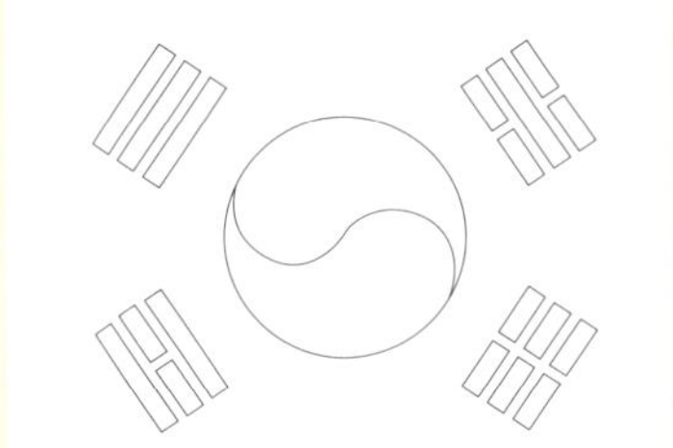

16일 차 탐험

교과서 미리 보기 꿀팁

『탐험』은 학교·사람들·우리나라에서 배운 내용을 바탕으로 더 넓은 세상을 상상하고 탐구하는 학습으로 구성되어 있습니다. 땅속, 바닷속, 우주, 미래 세계 등 미지의 공간을 탐험하는 활동을 통해 창의력과 탐구력을 키우게 됩니다. 모형 만들기, 이야기 꾸미기, 역할 놀이 등 다양한 표현 활동을 통해 생각을 구체화하고 친구들과 공유합니다. 이를 통해 아이들은 새로운 것을 발견하는 즐거움, 도전하는 태도, 상상력 확장의 경험을 자연스럽게 쌓게 됩니다.

1. 교과서 수록 그림책: 우주 다녀오겠습니다

① 어떤 내용이 나오는지 알아 봅시다.

이 그림책은 아이가 상상 속에서 우주선을 타고 여행을 떠나는 모험 이야기입니다. 행성, 별, 우주 정거장 등 미지의 세계를 탐험하며 호기심과 상상력을 자극합니다. '땅속·바닷속·우주·미래 세계' 등 확장된 시공간을 상상하는『탐험』교과와 매우 잘 어울립니다.

2 부모님과 아이가 이야기해 봅시다.

- 진짜 우주 여행을 간다면 무엇을 가져가고 싶어?
- 우주에서 만날 수 있을 것 같은 친구를 상상해 볼래?
- 우주 말고 탐험해 보고 싶은 곳이 있다면 어디일까?

2. 궁금한 세상에 입고 갈 탐험복을 상상해서 그려 보기

- 나만의 탐험복을 상상해서 멋지게 꾸며 봅시다.

3. 친구에게 용기를 주는 쪽지 쓰기

- 탐험을 떠나기 전에 걱정이 많은 친구에게 용기를 주는 쪽지를 써 봅시다.

얼마나 했는지 표시해 볼까요?

이름 :

13일 차 14일 차 15일 차 16일 차

9일 차 10일 차 11일 차 12일 차

5일 차 6일 차 7일 차 8일 차

1일 차 2일 차 3일 차 4일 차